LA EDUCACION FALLIDA

LUIS APUMAYTA

INDICE

INTRODUCCION

La rutina ha llevado a que consideremos que la educación sea algo muy trivial y vago, así como caminar de la sala a la cocina, lo hacemos casi sin darnos cuenta y muchas veces ni consideramos las cosas que hay alrededor, ni cuantos pasos damos, ni cronometramos el tiempo que nos toma transitarlo. La educación actualmente tiene la misma importancia, la tomamos como ir de la sala a la cocina, sin tomar en consideración para nada todo lo que implica, no valoramos en realidad la palabra "educación", solo se considera importante asistir a un centro educativo, de la misma forma que registramos nuestra partida de nacimiento, porque la consideramos importante en nuestra vida en sociedad.

La educación a lo mismo que todas las cosas, inicialmente luchamos para obtenerlo, pero cuando ya lo tenemos, nos damos en la complacencia y lo dejamos en el abandono. Inicialmente se luchó arduamente por la libertad, la abolición de la esclavitud, y muchas cosas más para una vida digna, pero cuando lo obtenemos y al transcurrir el tiempo, no valoramos lo que hemos alcanzado, porque volvemos a la esclavitud, a una esclavitud voluntaria. En la educación experimentamos lo mismo, una vez que hemos alcanzado los derechos para una educación, caemos en la complacencia, y nuevamente lo que tenemos ya no es educación. Todo lo que no lo valoramos, lo terminamos perdiendo, la educación se a convertido en una insignia o una cartulina más, es como vestirle a un mono con ropas de hombre, y por mucho que se le adorne jamás dejara de ser mono. Lo mismo pasa con la educación, asistir a los centros educativos, lo realizamos, porque creemos que es parte de nuestra responsabilidad y hacemos prácticamente lo que todos hacen, sin embargo, nunca siquiera hemos llegado a saber que es educación, asistir a los centros educativos, no hace realmente que tengamos educación.

La educación es determinante en la vida de una persona y sociedad, porque ella determina los resultados que pueda tener. Con ello voy a pasar a hacer una crítica al sistema educativo y plantear la solución al sistema que estamos viviendo.

CAPITULO 1: ¿QUE ES LA EDUCACION?

Según el diccionario de la lengua española, la educación es acción y efecto de educar, es la instrucción por medio de la acción docente.

Aunque principalmente la educación que recibimos debieran ser las bases para la acumulación y procesamiento de información, de tal manera que esto nos ayude a llegar al conocimiento en las diversas áreas que existen. La educación debe cumplir el papel de darnos las herramientas y con ellas pulir toda la información que recibimos, la información pulida y trabajada viene a ser conocimiento.

La educación no debieran ser adoctrinamiento, ni tampoco las respuestas a cosas que nunca preguntamos y que ni siquiera importan, es más bien la formación de una mente anhelante de información, una mente que pueda procesar información, y después de todo ese trabajo abstraer una verdad o conocimiento.

Inicialmente la creación de escuelas, colegios, institutos, fue con el propósito de tener mano de obra garantizada (título de estudios), debido a las nuevas tecnologías y para lo cual se requería conocimiento, para que las personas pudieran tener un trabajo en la nueva era. Esta nueva revolución industrial ofrecía mayor cantidad de trabajo, pero también requería nuevas habilidades aprendidas. De esta fecha, las modificaciones en el sistema educativo fueron direccionadas generalmente para una mejor adaptabilidad en el mercado laboral.

Significativamente esto no puede ser educación, cualquier persona puede elegir esa dirección en su vida y adentrarse en este sistema por pura elección, pero meter a todas las personas en el mismo saco sin darles a conocer realmente cuáles son sus opciones, cualquiera diría que es arbitrariedad por parte del estado. Definitivamente casi todos los destinos son los mismos, ya que el sistema es el mismo para todos, y si un sistema es para todos, obviamente va a producir los mismos resultados y claro van a ver ciertas variaciones, pero los resultados no se diferenciarán demasiado.

La verdadera educación nos lleva a la libertad y no lo digo por mera especulación, ya que generalmente la mente de un niño va siendo cargada de hábitos ancestrales, creencias sin fundamento, creyendo en límites de sus capacidades y sumergiéndose por pura influencia en el sistema, termina cayendo en un foso del cual ya no puede salir y aunque más adelante conozca la verdad de las cosas, poquísimas personas son las que toman la decisión de salir del hoyo.

En toda esta trayectoria podemos ver que la persona nunca fue libre para tomar una decisión de verdad, ya que su vida fue cincelada para que tuviera ese resultado. Entonces tenemos un sistema educativo que nos lleva a la esclavitud, entonces ¿quién es libre?

Sin una verdadera educación no podemos hablar de libertad, tampoco de conocimiento. En la práctica vemos que somos programados mentalmente para todo nuestro estilo de vida, mediante un sistema y como todos estamos dentro de él, creemos que todos estamos en el camino correcto.

La educación es cierto, que no lo brinda solo una institución educativa, sino que también influyen la familia y la sociedad. Debemos tener en consideración que la formación de la mente es determinante, porque a partir de lo que hay en la mente, construye su vida y construye su contexto. Entonces el sistema educativo debe brindar las herramientas necesarias para formar una mente fuerte y autónoma, pese a la familia y la sociedad. Pero si el sistema educativo también se confabula para que nuestra mente sea común, una mente programada a cumplir un determinado rol. Entonces estamos en la responsabilidad de auto educarnos y obviamente de contradecir todo aquello que resta a nuestra persona y perjudica a nuestra sociedad.

La educación en realidad es imprimir en nosotros la responsabilidad cada día de adquirir información, procesarla y tener un conocimiento. De tal manera que este habito mejora nuestra vida sustancialmente y también mejora la sociedad.

La educación esta pasando de ser una mera responsabilidad de las instituciones, a ser una responsabilidad totalmente nuestra. En la medida que observamos como van errando las instituciones tenemos una mayor responsabilidad de hacer lo correcto con nosotros mismos. Y esto ya hace mucho que se debió tomar conciencia, la educación no depende de la institución a donde yo asista, la ciudad donde vivo o el pueblo donde nací. La educación y hablando de mi educación es absolutamente mi responsabilidad, esta carga y responsabilidad debe estar impregnada totalmente dentro del alma de cada persona. Y mucho mas ahora, en la era de la información, donde toda la información que queramos esta disponible y es gratis.

Cuando hablamos del ser humano, ya de por si, estamos hablando de una criatura superior en contraste con todo lo que existe, pero esa superioridad radica en toda sus sustancia en su educación, de tal manera que los que carecen de educación están en la misma condición de salvajismo, instintos y ferocidad que los animales.

CAPITULO 2: ¿POR QUE ES IMPORTANTE LA EDUCACION?

La educación nos permite identificar el camino a la libertad y recorrerlo. Y la esencia de la libertad, es despojarnos de toda carga tradicional, costumbrista y creencias absurdas, guiados por la verdad, el conocimiento y la ciencia, por que la esencia de la educación es libertad en si misma. Toda alma cultivada por la educación autentica, es libre de cadenas mentales y físicas.

Una educación falsa solo nos llena la cabeza de ilusión y esperanza de que algún día alcanzaremos o alguien nos entregara lo que estamos deseando, una educación falsa y trucada llena nuestra vida de creencias y supersticiones, haciendo que nuestra confianza y esperanza se depositen en terceros, inhabilitándonos mentalmente para tomar acciones con fines provechosos. Una educación falsa, nos bloquea mentalmente, y nos lleva cautivos al sistema imperante, sin la mas mínima oposición por parte nuestra. Pero podemos concluir que esto no es educación, sino adoctrinamiento, estandarización de la humanidad, procurar mediante este adoctrinamiento ideologizar y manejar antojadizamente a una nación y pueda que al mundo entero.

La educación es importante principalmente porque nos diferencia de los animales, los animales siguen patrones instintivos, y conforme se ha podido ver, en su generalidad, son cuatro las causas que los mueven, ellos son motivados a actuar, cuando;

- Buscan alimento
- Se sienten en peligro
- Quieren aparearse
- Cuando buscan una manada donde vivir

Ahora muchas comunidades, pueblos y hasta incluso naciones, se ven guiados por patrones de los animales, las personas mismas individualmente comparten el patrón de los animales. Porque en la vida cotidiana generalmente actuamos también bajo los mismos principios de los animales, por ejemplo;

- ✓ En la búsqueda de alimento, principalmente trabajando y luego intercambiando nuestro trabajo por el alimento y vestimenta.
- ✓ También cuando sentimos que se acerca un peligro, buscamos la manera de ahuyentarlo o librarnos de ello, porque nadie espera al peligro con los brazos abiertos.
- ✓ La necesidad de aparearse, en el caso de los hombres es el de tener una pareja, con quien compartir un hogar e hijos, bueno llega un momento en que la gran mayoría opta por este camino, ya que la vida en soledad es preferida por una muy reducida minoría.
- ✓ Los hombres también comparten la necesidad de vivir en manada, que en este caso seria de

vivir en sociedad, que son por ejemplo, pueblos, comunidades, ciudades y naciones.

Entonces no hay diferencia real, tanto los animales como los hombres tenemos el mismo ciclo de vida, las mismas necesidades, el mismo principio y el mismo fin. Es aquí donde la educación viene a dar el golpe de gracia, para realmente dar un salto cuántico, en total diferencia a la de los animales, la educación dota de propósito y significado a una existencia, viniendo a ser cada ser humano como una joya mas y no un animal mas.

La educación es sumamente importante, porque lleva a los seres humanos a una mejor condición de vida, es la educación lo que impide que una persona o sociedad pueda vivir solo por emociones o instintos. Por lo tanto, que nuestra educación no nos lleva a otro nivel de esclavitud, o que tampoco sea adoctrinamiento, porque en este caso solo seriamos animales mejorados, para soportar la vida en cautividad.

La educación es importante por que es la única vía de desarrollo. Si consideramos la historia y los conocimientos que se han ido acumulando a través de ella, vemos que el conocimiento ha sido un proceso acumulativo y no un mero descubrimiento. Los autos no se crearon antes que la rueda, sino que fue progresivamente, primero la rueda, después una carreta, luego un carruaje y así sucesivamente hasta que llegamos a los automóviles de hoy. Con la educación sucede lo mismo y este avance progresivo de la educación nos ha llevado también a tener una vida claramente diferente a la de los animales. A medida que se acumule conocimientos y se adquiera nuevos, esto nos lleva a desarrollarnos y esta es la unca vía de desarrollo, la educación. Esto nos hace concluir que el sistema educativo también a debido ir mejorando y evolucionando a través del tiempo, y aquí hay una interrogante ¿por que el sistema educativo permanece igual?

La educación es importante, porque la calidad de ella define los resultados que tendrán los países y podemos verlo claramente, países que han hecho mayor inversión en su educación notablemente tienen mejores resultados, en comparación de países que invierten casi nada en su educación. Como también a nivel personal, el hombre que invierte en su propia educación, sus resultados son mucho mejores en casi todos los aspectos, que el hombre que invierte poco en su educación. Definitivamente la educación es muy importante, porque influye mucho en los resultados que vayamos a tener.

La educación es de vital importancia en la vida del ser humano, si queremos que nuestra vida no se reduzca a una mera existencia. La educación es el camino a la vida, pero la educación no se reduce a lo que podemos recibir en una institución, la educación es el acto de educarnos a nosotros mismos con responsabilidad en nuestro día a día.

CAPITULO 3: CULTURA, COSTUMBRE(HABITOS)

CULTURA:

Parafraseando lo que dice Agustín Lage en su libro la batalla cultural; cultura viene de la palabra cultivo, cultura adquiría quien se cultivaba a sí mismo, y el título de "culto" generalmente se atribuía a quienes habían tenido estudios en; filosofía, matemática, trigonometría, ciencias políticas, astronomía, física, entre otras muchas áreas. Con el tiempo nacieron las escuelas filosóficas (Sócrates, platón, Aristóteles, etc.) y a todos los que participaban de estas escuelas se les atribuía ya el título de personas "cultas". Conforme el tiempo transcurría la palabra "cultura" se atribuyó a la ciudad, es decir que quienes vivían en tal ciudad, ya nacían con una determina cultura.

L a cultura actualmente se centra en "donde vives", cada persona que nace, ya nace con una cultura determinada. La palabra "cultura" ha sufrido una desnaturalización, lo único que hace es darles cierto reposo a las personas, poniéndolas dentro de una burbuja y no los confronta con su responsabilidad.

La cultura en realidad es fruto de una correcta educación, no así de parámetros tradicionalistas, creencias o hábitos ancestrales. Cultura es el cultivo tanto de la mente y del corazón del hombre.

Cultura no es algo con lo que ya nacemos, porque no lo traemos en la piel, como el color, tampoco en nuestros órganos reproductivos, para diferenciar si es varón o mujer. La cultura es aquello que se va cultivando día a día, con los nuevos conocimientos que se va adquiriendo, se va quitando las malas hierbas, todo aquello que contamina, la mente y el corazón de la persona va siendo cultivada, por lo tanto, es una persona culta. Por ejemplo, una persona que no adquiere nuevos conocimientos, que está en estado de reposo, lo que está en su mente es algo estancado, que se va fermentando, la planta, que es el mismo, se va llenando de malas hierbas, como si estuviese abandonado, en el olvido. De esta persona abandonada, no podemos decir que tiene cultura, solo por nacer en un lugar con ciertas costumbres, en realidad da igual donde una persona nazca o viva, sino no se cultiva a sí misma, es una persona inculta, como también el hombre sin importar donde nació o donde vive, si se cultiva a sí mismo, es un hombre culto.

La cultura es una cualidad propia de cada persona, no es algo grupal, así como; la ciudad tal tiene tal cultura, el pueblo tal tiene tal cultura o la familia tal tiene tal cultura, nada de eso, la cultura es de cada persona por individual. Quien se cultiva a si mismo es culto.

Cuando el tema de la cultura lo ponemos en parámetros grupales, las personas se dejan de ver a sí mismos y comienzan a ver a los demás. En este caso se comienza a pensar que los demás son responsables por como yo soy, y no hay un sentido de responsabilidad de cultivarme a mí mismo. El tema se agrava porque se pone en la mente que somos víctimas de las circunstancias y que no podemos tener el control ni siquiera de nosotros mismos.

Por lo tanto, hay que enfatizar y recordar constantemente que el tema cultural, es personal y no grupal.

COSTUMBRE:

Significado según la real academia española: Manera habitual de actuar o comportarse, costumbre o practica tradicional de una colectividad o de un lugar.

La costumbre lejos de ser constructiva ha venido obstruyendo y poniendo velo en las generaciones que se han estado levantando, precisamente porque son hábitos formados en un determinado nivel de conocimiento, el grupo, colectivo que desarrollo esa costumbre lo adoptaron, porque en su momento fue la manera más correcta que encontraron de afrontar o construir algo, lo dispusieron como una norma, para facilitarse el trabajo y evitarse pérdidas de tiempo en una nueva planificación.

Adoptar las mismas medidas década tras década, lo único que evidencia es que hay una incapacidad para solucionar problemas, incapacidad para poner en práctica los nuevos conocimientos que se supone estamos adquiriendo.

En su generalidad las personas pretenden darle cierta correlación entre costumbre y leyes morales, dando a entender que mantener la costumbre es mantener las leyes morales. Pero una ley moral, por ejemplo; no mataras: nadie pienso yo que lo toma como una costumbre, abstenerse de matar nadie lo hace por tradición, y el que mata, no lo hace por romper una costumbre. Sino que esta ley moral, es el fundamento para que una sociedad pueda desarrollarse, si cada uno hiciera lo que quisiera, prevalecería la violencia, no habría sociedad, quizás grupos de guerrilleros. Pero el punto es que; la ley moral y las costumbres son dos cosas muy diferentes, trágicamente el mayor error de las sociedades o por lo menos en américa latina, es apelar por la permanencia de las costumbres y tradiciones de los pueblos, y agravando peor las cosas pretender destruir las leyes morales que han sostenido una nación.

Apelar por mantener las costumbres no es lo correcto ni mucho menos lo mejor, que son muy diferentes a las leyes morales, las leyes morales mantienen solida a la sociedad. Las leyes morales son dadas para el cuidado del hombre y del medio ambiente, mientras que las costumbres mantienen paralizadas a las generaciones. Las leyes morales son el fundamento para un crecimiento ininterrumpido, las costumbres vienen a ser las parálisis de cualquier desarrollo.

En resumen, podemos decir, que la costumbre es algo que hacemos, con la mete ya programado en forma automático, y generalmente lo adoptamos porque lo vimos hacer a nuestros padres, abuelos, tíos. Que, en la gran mayoría de costumbres, son cosas no acordes a nuestra realidad y para variar sabemos que hay mejores formas de hacer las cosas.

Mantener una costumbre, solo por no desagradar a nuestros padres, familias, vecinos o conocidos, nos hace quedar estancados en el tiempo, el "qué dirán" nos mantiene improductivos, y esto influye mucho en la educación para su atraso.

CAPITULO 4: POR QUE FALLA EL SISTEMA

Se concluye que el sistema falla debido a que los resultados no son los que esperamos tener, y hablamos de que el sistema falla no por apreciación personal, en el sentido de que las formas y maneras no son las que mejor me parezcan. Y esto es muy importante resaltar, cuando evaluamos algo, lo que sea, lo evaluamos no viendo mucho la apariencia y como lo puedan juzgar las personas, sino que lo evaluamos en base a los resultados. Por ejemplo; el resultado de un partido de futbol no se evalúa por lo bonito que jugaron, tampoco por el número de pases que hicieron, ni por el peinado de los futbolistas, mucho menos por el uniforme que llevan. Al final el ganador de un partido es quien más goles hace, únicamente quien más goles hace, muestra que su sistema es mejor, ahora quien gana el campeonato muestra que tuvo un sistema mucho mejor que todos los competidores. También debemos recalcar que el equipo con menos partidos ganados, tiene un sistema pésimo.

Volviendo al tema, decimos que el sistema falla, y lo decimos en base a los resultados, pero para ver esto más claramente, vamos a considerar tres factores importantes;

- Sistema educativo
- Contexto social

- La persona

SISTEMA EDUCATIVO:

Los resultados del sistema educativo a nivel general, o sea sin tomar los casos particulares de personas que han sobresalido y tienen éxito en sus respectivas profesiones, tampoco el otro extremo de egresados, que salen de la universidad sin ningún ápice de conocimiento.

(Estos dos extremos siempre los vamos a encontrar, en cualquier rama, de cualquier cosa, pero vamos a centrarnos en la mayoría, donde se encuentran la mayor cantidad de gente)

El sistema educativo no va orientado a las personas, sino a lo que se quiere de ellos. Esto es un poco difícil de descifrar, porque, si las empresas privadas tuvieran la oportunidad de crear sus centros educativos, bajo su propio sistema sin intervención estatal, hace varias décadas ya que la educación hubiese evolucionado. Por ejemplo, donde más se desarrolla la tecnología, es en las empresas tecnológicas, ahí vemos Apple, Microsoft, alibaba, Huawei, tesla, BYD, entre otras muchas, el avance tecnológico es a pasos agigantados. Haciendo un contraste con el ministerio de tecnología o con la tecnología que desarrollan los colegios o universidades, los resultados son lamentables. Los resultados que brinda el sistema estatal y el sistema privado, el contraste es de blanco y negro, ósea no hay punto de comparación. Considerando otras áreas, como puede ser, construcción, gasto e inversión, entre otros, siempre se puede ver que el estado es muy ineficiente frente a lo privado.

Se puede concluir que quien se asegura que no haiga un desarrollo personal y en sociedad generalmente son los estados, precisamente porque es el estado quien diseña el sistema educativo que no tiene resultados, solo imprime en la mente de la gente que están cumpliendo sus responsabilidades de educarse.

¿Esto es intencional o involuntario?, si es intencional se puede concluir fácilmente, que el estado lo que busca es la sumisión, seguir patrones preestablecidos, mantener a la gente sujeta, pero con esperanza, mantener a las personas sumidas en la ignorancia porque esto facilita su manipulación, todo tipo de educación en estas circunstancias sería un adoctrinamiento, etc.

Si esto es involuntario, obviamente es porque hay demasiada incapacidad en los lideres de turno, demasiada.

Y el problema en esencia es esto, el control que se ejerce sobre la educación, cuando hay control sobre la educación, no se busca lo mejor para los alumnos, sino todo se lo lleva quien controla o el grupo que controla, se direcciona la educación o en el mejor de los casos se abandona, y se siguen con sistemas obsoletos. Y el sistema educativo deja de ser para lo que fue creada y se convierte en un centro de obstrucción, impidiendo realmente aprender, crecer, desarrollar, inventar, imaginar, planificar, ser uno mismo. Y el gran problema es que no hay libertad para educarse, tenemos un tipo de educación para todas las personas, sin considerar las inclinaciones y preferencias de cada uno, cuando una educación es para todos en realidad es para nadie, y esto hace que se perjudique el aprendizaje de todos, ningún alumno puede sobresalir plenamente y desarrollar todo su potencial.

Dentro de las escuelas, colegios, universidades, hay muchas, bastantes áreas que se llevan por obligación, y estas no aportan al alumno, ni en ese momento ni en la vida real. Y el otro problema, los cursos esenciales, que se puede considerar, base y fundamento para toda persona, no existen en las instituciones. Esto puede parecer un poco gracioso pero las consecuencias que genera lo vemos día a día en la calle.

Es importante resaltar que la educación lo es todo para una persona, porque modela su capacidad y habilidades, sobre todo su determinación para actuar.

La forma en que se dan clases o como se busca que las nuevas generaciones aprendan, no han cambiado desde el momento que se crearon los centros educativos, esto hace ver que el sistema educativo está totalmente abandonado o manipulado. Pero definitivamente esto ya es insostenible en el tiempo, la educación debe ser liberada y permitir que cada persona aprenda los casos que cree mejor aprenderlas y de la manera que más conveniente le parezca. Esto definitivamente va a traer una transformación sin igual en la sociedad y sobre todo en las mismas personas. El problema seguirá por todos los siglos mientras nos sigan diciendo que debemos aprender y como debemos aprender.............Lo que realmente necesitamos es, ¡libertad!

Entonces, el problema real que vemos en el sistema educativo, es que la educación está secuestrada, y por lo tanto nos hace creer que es manipulada, con el fin de ser adoctrinados para todos compartir un mismo estilo de vida, una misma cosmovisión. Si la educación está secuestrada, nuestra mente está secuestrada, cautiva. Estamos sumergidos en este sistema, sin siquiera darnos cuenta y en muchos casos, ni siquiera nos cuestionamos si esta educación es lo más adecuado, para nuestro mejor desarrollo como persona y como sociedad.

La educación está secuestrada por qué no permite a los alumnos desarrollar su máximo potencial, ni siquiera su medio potencial. El alumno promedio, al egresar de la universidad sale como un ser monótono a buscar trabajo, y a pasar todo lo que le queda de vida en ese trabajo o en varios trabajos, que es trabajar toda su vida. Lo curioso de esto, es que todos pasan el mismo ciclo en su vida, egresan de la universidad y a compartir el mismo destino. Realmente no cumplen una misión significativa en su vida, el sistema educativo no les proporciona una visión más amplia de la vida ni del mundo, mucho menos les da la claridad para que vean la grandeza dentro de cada uno de ellos. Precisamente porque el sistema educativo les muestra un camino cercado para que no se aparten ni a derecha ni a izquierda, para que ni siquiera consideren que hay vida más allá de ese camino cercado.

Este sistema educativo solo tiene un interés, formar personas que puedan satisfacer las demandas del gobierno o del gobernante, el sistema educativo no va orientado a desarrollar el máximo potencial de la persona, porque imagino que desarrollar el máximo potencial, esto acabaría con la necesidad de un gobernante.

La educación lo es todo, porque desarrolla personas con gran potencial y capacidad, siendo diferenciadas por sus aptitudes e inclinaciones. La educación que queremos.

También la educación lo es todo porque puedes tener un solo tipo de personas, como una empresa manufacturera, obtienes un solo producto, a veces conveniente, porque ahorras en costos de producción. La educación que tenemos.

CONTEXTO SOCIAL:

Como seres humanos estamos llamados a vivir en sociedad, nuestra misma naturaleza nos hace ver eso, cuando estamos en la necesidad de formar una familia o cuando se busca una pareja. Son casos muy raros de personas ermitañas, que viven alejados de la sociedad, totalmente privándose de todo contacto humano, el 99,99% vive en sociedad, incluso en este mismo siglo XXI, hay una interacción a nivel mundial en el mundo digital.

Somos seres sociables, nos amoldamos a la sociedad o la sociedad nos moldea, pero de todas maneras también aportamos nuestro granito de arena para moldear la sociedad. Y a esto es lo que le llaman cultura, al patrón homogéneo que comparten las personas que viven en una sociedad, pero no es cultura, sino que todos se estandarizan al promedio, en todos los aspectos de su vida, no es cultura sino homogenización, pero para no dañar a si mismo su conciencia, las personas dicen que comparten la misma cultura, en un determinado lugar.

Sin ir más lejos, la sociedad hace más fácil digerir una mentira, entre tanto todos la practican, a nadie le remuerde la conciencia. El artilugio político en sociedad, se hace más fácil, repetir una mentira hasta creérselo, la manipulación de masas es más fácil que convencer a un solo individuo. Las masas convencen porque son mayoría y no harán caso de un solo individuo, aunque tenga la razón. Su necesidad de vivir en sociedad y en aprobación de esa sociedad, le lleva a aceptar como verdad todo lo que diga la mayoría. La persona promedio quiere ser aceptado por el grupo, por lo tanto, practica lo que los demás practican, predica lo que los demás predican, piensa como los demás piensan. En otras palabras, no nos diferenciamos mucho de los animales, nos interesa la manada y su aceptación, sin importar si la manada va en la dirección equivocada, porque con el tiempo si están equivocados o no, no importa, lo importante es estar en manada, ser conocido y respetado. Fuera de parecer esto un chiste, es la realidad.

Esta situación que vivimos a diario, nos impide ver la verdadera vida que nos estamos perdiendo, simplemente por seguir a los demás. Si tuviésemos la valentía de ser uno mismo, de comprometernos con un futuro prometedor, diseñar una realidad fuera de estos moldes de la sociedad. Esto si daría un aporte significativo a la sociedad, porque toda persona que se suma a las masas, lejos de sumar, resta las posibilidades de un verdadero avance. Solo la persona comprometida con las nuevas generaciones y decidido a que su vida no sea una más del montón, solo este tipo de personas dan un aporte significativo a la sociedad.

Uno de los factores de que la educación no tenga resultados, es el papel de la sociedad o la sociedad es fruto de la educación y ambas cosas van de la mano, ambos se influyen, para desgracia nuestra, ambas se influyen para mal y se van destruyendo la una a la otra. Porque no hay una buena educación que corrija la sociedad, tampoco hay una buena sociedad que corrija la educación. Pero antes de entrar en desesperación veamos el siguiente factor.

LA PERSONA:

Cada persona ya pareciera que viene a este mudo con complicaciones, aunque en realidad viene a resolver y aportar mucho, sería muy trágico que viniera a sumarse al problema. La vida es una gran aventura con grandes propósitos o no es nada, parafraseando a Helen keller.

Si no tomamos el desafío de vivir a plenitud, no haremos nada con nuestra vida, mucho menos de influir positivamente en la sociedad, y el gran problema actual y que probablemente casi siempre se vive, es que es que no hay grandes propósitos personales, ni en la vida personal ni para la sociedad. Probablemente esto sea uno de los síntomas que vivimos consecuencia de la educación y sociedad que tenemos, y esto quiere decir que hay un gran reto, principalmente para todos los que vean con más claridad las cosas, hay un reto de transformar la cosmología predominante en la sociedad y la educación. El hecho de que una persona este leyendo un libro como estos, da por sentado que tiene más claridad de las cosas que las masas predominantes.

Los cambios que producen una educación afines a mi propósito y una sociedad que siga la verdad, nos llevarían a una vida más efectiva y con armonía, pero el cambio se inicia con uno mismo, ser el cambio que queremos ver.

La sociedad esta compuesta por las familias, y la familia esta compuesta por la persona. Y aunque suene muy simple, la aportación de cada persona por individual fortalece al sistema, el hecho de cada uno de nosotros nos conformemos al sistema, promocionamos para que las siguientes generaciones tampoco la cuestionen, de tal manera como hasta ahora todo a permanecido igual. Sin un cambio personal es difícil conseguir un cambio en la sociedad. Los movimientos políticos generalmente hacen lo contrario, influyen en las masas para que las personas por individual puedan ser arrastradas por la corriente, sin presentar mucha oposición. Sin embargo, esto puede ser llamado manipulación de masas orientado a los intereses de los políticos, que, en su generalidad, su manipulación no es permanente, porque cuando hay otro movimiento, las masas son arrastrados por ese otro movimiento, y esto sucede continuamente, por que las masas no tienen fundamento, es decir una base educativa, para discernir, una propuesta coherente de una absurda. Pero el cambio permanente sucede cuando, cada uno, individualmente nos educamos, porque el hecho mismo de educarnos ya en realidad es nadar contra la corriente. La educación individual proporciona una base sólida, para que ningún movimiento nos arrastre con sus ideologías.

La aportación individual a la sociedad pueda no ser muy llamativo, pero es la más permanente, que queda grabado en la mente de las personas. Los movimientos políticos o ideológicos, son pasajeros, que en su conjunto no son razonables, sino buscando sacar algún provecho de la ciudadanía, y lo único que esto revela al ver a tanta gente congregándose ves tras ves, y es que parecemos ser muy estúpidos, siendo arreados como ovejas de aquí para allá. Por lo tanto, un hombre con una base educativa solida aporta a la sociedad mil veces más, a comparación de todo el rebaño de seguidores que están camino al matadero.

Debemos de corazón ser personas libre pensadoras, pero que el pensamiento te venga a base de información y conocimiento que vas adquiriendo, y no de prejuicios, suposiciones y de encerrarte en tu propia burbuja.

La persona individualmente contribuye letalmente a una sociedad, ya sea para su levantamiento o hundimiento, y considerando esta situación, debemos tomar con seriedad en si apoyar aquello que va destruyéndonos o demandarlo.

CAPITULO 5: PLAN DE ACCION

Necesitamos un plan de acción para cambiar el sistema actual predominante, tanto en lo educativo como en la sociedad, para esto también lo dividimos en tres factores principales:

- Adaptar el sistema educativo
- La verdad en la sociedad
- Nuestra responsabilidad (sin excusas)

ADAPTAR EL SISTEMA EDUCATIVO:

Cuando hablamos de la educación, concluimos que la educación debía ser libre, porque el sistema educativo actual no está dirigido a las personas, en sus distintas cualidades e inclinaciones, sino que está dirigido a las personas como un grupo homogéneo, con igual cualidades e inclinaciones. La educación actual considera a las personas iguales y al hacer esto bloquea las muchas habilidades y capacidades de las personas, por estas cosas necesitamos no que las personas se adapten al sistema, sino que el sistema se adapte a las personas.

Para adaptar el sistema a las personas debemos tener algunos puntos fundamentales en consideración, aunque probablemente se puedan encontrar más, pero estos son los que yo considero:

- A) Personas con discapacidad física
- B) Personas con habilidades especiales
- C) Personas con aptitudes a los negocios
- D) Personas orientadas al deporte
- E) Creadores de contenido digital
- F) Puede haber mucho mas

A) Personas con discapacidad física. - La discapacidad varia en estas personas, pueden ser; sin brazo, sin pierna, un ojo faltante, huesos sin desarrollar, en fin, son diversas las causas de su discapacidad, pero todos podemos reconocer que están en clara desventaja con las personas normales. Por lo tanto, también, se le deben orientar en habilidades específicas que deban desarrollar, de tal manera que en ninguna circunstancia se encuentren en desventaja. Para que esto se de manera eficaz, debemos dejar a la competitividad, al libre mercado, para que puedan crear centros de formación y desarrollo de habilidades para personas discapacitadas. Esta situación permitirá que emprendedores crean este centro de formación, y es muy seguro que mediante esta forma las personas con discapacidad, desarrollaran todo su potencial y mucho más.

B) Personas con habilidades especiales. - Dentro de las habilidades especiales, tanto en matemáticas, pintura, escultura, malabarismo, habilidades mentales, entre otros muchos. Muchas de esas habilidades, no se desarrollan tanto dentro de las aulas y algunas sí. Los cursos que llevan para desarrollar esas habilidades, también van relacionado a esa habilidad, en un mismo salón no podrían desarrollarse, todo esto da motivo a que se abran nuevos departamentos educativos, es más, los mismos chicos habilidosos, podrían desarrollar cursos para las personas normales, o simplificar problemas. Pero de todas maneras tiene que haber un ancho espacio para que estas personas desarrollen todo el potencial posible. Lo cual también es en un mayor beneficio a la sociedad y a la persona.

C) Personas con aptitudes a los negocios. - Son personas orientados más a la comercialización y muchas veces estas personas se aburren dentro de las aulas, y frecuentemente tienen un desempeño muy pobre en las aulas, sin embargo, cuando salen, su capacidad de comercialización es asombrosa. También necesitan un centro de formación diferente, orientado a sus inclinaciones para un máximo aprovechamiento.

D) Personas orientadas al deporte. - La educación poco o casi nada tiene que ver en las aulas. En estos casos se necesitan campos amplios, muchos accesorios y la educación generalmente creo va orientado a sacar el máximo potencial del cuerpo, como en alimentos y en ejercicio. Pero definitivamente podemos ver que es un área diferente a las demás, por lo tanto, la educación necesita ser diferente, muchos cursos de la educación tradicional salen sobrando en esta situación, como en los otros casos también. Dentro de esto también, la inversión privada aporta mucho.

E) Creadores de contenido digital. - Creación de contenido para las redes sociales, como también programación, creadores de aplicaciones. Esto más tiene que ver con las inclinaciones que tiene la persona, muchos de ellos tienen más aptitud para este tipo de profesión. Aunque la mayoría de estos casos se inician desde pequeños en sus propios hogares, la pasión por el mundo digital, sin embargo, darles mayor libertad y si es posible mayores posibilidades de aprendizaje en su área, liberándolo de cursos que no van a ser de ningún provecho para su vocación, sin duda potenciaría sus resultados. La carga de una escuela tradicional para estos casos, como para los demás viene a ser una obstrucción o atraso

F) Puede haber mucho más. - hay mucho mas de todas maneras, pero si damos libertad al libre mercado en lo referente a la educación, definitivamente todos los campos estarían muy bien atendidos. Mediante la competencia de mercados, también, las distintas áreas educativas mejorarían su nivel y servicio, con el fin de atraer la mayor cantidad de gente posible.

Dejar libre a la educación, beneficiaria en gran manera a cada uno como persona y a la sociedad en su conjunto. Y es muy probable que cuando la educación sea libre incluso nos va a sorprender con los avances que se darían. Por lo tanto, la solución al sistema educativo que nos va asfixiando, es la libertad de poder avanzar sin límites.

Todos somos conscientes que un niño para desarrollarse, tiene que salir del vientre de su madre y para crecer aun mas, sale de la casa de los padres. La libertad es la herramienta que le da forma a todo lo que toca, para revelar su mejor versión. La educación debe ser tocado por la libertad, entonces se desencadenaría su mejor versión.

LA VERDAD EN LA SOCIEDAD

La sociedad moldea a sus habitantes y son muy pocos los casos en que las personas se resisten al cambio. La sociedad viene a ser como el mar y un valde de agua como una persona, por lo tanto, una sola persona no hace una diferencia significativa, puede al mar estar turbio por la suciedad y un solo valde de agua cristalina se termina perdiendo, sin el más mínimo efecto. Este es el gran dilema de porque la sociedad moldea a sus habitantes, porque en el caso contrario es lo mismo, dentro de un mar cristalino un valde de agua sucia no hace el más mínimo efecto. Entonces la solución a este problema tan grande e inmenso, es limpiar el mar. No hay de otra.

La limpieza para efectuarse de manera eficaz, he podido ver que son en tres áreas fundamentales, quizás haya más, pero creo que principalmente son estos tres:

1. Tradiciones y costumbres.

2. Mentiras para aliviar el alma.

3. Miedo al cambio.

1. Tradiciones y costumbres. - Esto contamina porque adoptamos medidas y formas de hace treinta o más años atrás, haciendo que nuestros resultados sean pésimos en comparación con la tecnología actual y los países que están adoptando las nuevas medidas. Y no solo podemos hablar de proyectos grandes, también en las cosas básicas de la vida diaria, practicar tradiciones y costumbres pasadas sin cuestionarnos si es la mejor manera de hacer algo, hace evidente que hay poca inteligencia en la persona. Si hay una manera de hacer algo que también le funcionaba en el pasado y que ahora sigue vigente, sea bienvenido, pero hacer o desarrollar algo sin buscar una mejora en lo que vamos haciendo, sencillamente se le llama estancamiento, es decir el tiempo puede seguir pasando, pero la mente sigue en el pasado. Debemos deshacernos de lazos pasados tanto mentales como prácticos. Esta práctica de tradiciones y costumbres, generalmente permanece por el peso de la sociedad, ya que el miedo a la opinión publica los crucifica a quienes quieren avanzar, por lo tanto, con más fuerza y carácter debemos mantener las nuevas prácticas de continua mejora e innovación, para que con esa fuerza se impregne en la sociedad y ya no la señalen, sino que la imiten. Se necesite carácter para actuar y un argumento claro y convincente

para dar el sustento de nuestra acción, que al final se darán cuenta que es lo mejor y ellos también lo adoptaran. El punto es, nosotros ganarnos a ellos y no ellos a nosotros

2. Mentiras para aliviar el alma. - Las mentiras en la sociedad son más difundidas y aceptadas por el peso de la mayoría, a veces un gramo de verdad no tiene relevancia a una tonelada de mentira. Y es la misma tranquilidad que genera, vivir en una cómoda mentira que en una cruda realidad. Para obtener un cambio y avance verdadero es necesario y fundamental vivir en la verdad, porque solo la verdad nos libera de las cadenas del engaño. Conocer los hechos concretos es lo adecuado, a que solo tener puntos de vista de las personas. Con los hechos concretos, que es la verdad, se buscan soluciones reales y que nos benefician verdaderamente a todos. Ahora, si solo conocemos los puntos de vista de las personas, plantearemos también soluciones ficticias y esto en realidad no solucionara nada, más bien habremos desperdiciado tiempo y presupuesto, generando más mal para nosotros y la sociedad. Permanecer en la mentira nos mantiene en un círculo vicioso, estancados en el mismo lugar. Vivir en la mentira es un poco más placentero porque huimos de nuestra responsabilidad y creyendo que nos hacemos bien, nos destruimos a nosotros mismos. Cuando la sociedad vive en

la mentira, el daño que se hace a si misma es destructivo. Por lo tanto, aunque parezca duro, es mejor vivir en la verdad, la verdad hace bien a todos y el punto para curar el malestar de la sociedad es esto, vivir en la verdad, practicar la verdad, la verdad nos libra del estancamiento de las excusas y mentiras. Porque lo cierto es que; lo que nos ha mantenido década tras década estancados son las excusas y las mentiras que nos decimos a nosotros mismos y que compartimos en sociedad. El antídoto para todo mal es la verdad, nuestra sociedad necesita ilustrar todas las cosas en la verdad. Esto va a fortalecer las bases de la sociedad y le va a dar el fundamento necesario para un crecimiento ininterrumpido.

3. Miedo al cambio. - Hay una frase que dice; lo único que no cambia, es que todo está cambiando, pero vemos que la sociedad muchas veces no avanza acorde con los cambios progresivos necesarios. Algo que permanece estático, como lo hemos visto en las fuentes de aguas, que cuando no tiene movimiento, el agua se abomba, se pudre, sin importar que tan limpia es. Lo mismo pasa en las personas y en la sociedad, cuando no hay adaptación a los cambios necesarios, esa persona o esa sociedad quedan obsoletas, sin valor y capacidad también para enfrentar los nuevos desafíos. Lo que planteo es un cambio

progresivo, ni muy rápido, ni muy lento, sino acorde a los avances de la humanidad. La dificultad generalmente para no ir de la mano con los avances tecnológicos y otras áreas, es la ociosidad para ir actualizando nuestro conocimiento y también la indisposición a las enseñanzas. Así como las computadoras, desde la primera, hasta la que existe ahora en la actualidad, ha habido mejoras progresivas y continuas, y esto ha ido sucediendo, porque los conocimientos continuamente se han ido actualizando. En las distintas áreas; tecnología, ciencia, construcción, medicina, contabilidad, en todo, los conocimientos y aplicaciones han ido evolucionando, y más que algo alternativo, adaptarnos al cambio constante viene a ser de suma responsabilidad, para el hombre y la sociedad. No es una opción, como alguien pueda considerarlo, el que no se adapte al cambio constante, va a desaparecer, sea la sociedad o sea el hombre. Lo que mantiene con vida a las fuentes de las aguas, es su constante cambio, el estar fluyendo. Y lo mismo pasa con la sociedad y la persona, lo que nos mantiene con vida, frescos, rejuvenecidos, es nuestra constante actualización, reemplazar los viejos conocimientos por los nuevos y esto hacerlo de manera permanente. Muchas sociedades y personas se quedan estancadas en el tiempo y nadie quiere ni visitarlos y mucho menos irse a vivir a ese lugar, porque transmiten mortandad y estancamiento.

NUESTRA RESPONSABILIDAD:

La responsabilidad personal, consiste en ser el cambio que queremos ver. Si queremos que el mundo o nuestra sociedad cambie, vamos a empezar progresivamente. Primero nosotros y después el mundo, pero tenemos que comenzar, como bien lo dicen; un camino de mil millas se recorre dando el primer paso.

El gran problema de nuestra contribución personal a la sociedad, es no creer realmente que una aportación personal se significativa en la sociedad, y esto es lo que desencadena todas las demás excusas.

Pero sabemos que una persona sola aporta con mayor solides a la sociedad, que todo un conglomerado marchando por las calles, probablemente su alcance, en cuanto a cantidad de personas a quienes influye, sean pocas, pero su influencia es sólida. A diferencia del conglomerado marchando, su alcance es en mayor número de personas, pero su influencia es vaga y superficial, puro emocionalismo. Y cuando lo analizamos a nivel de generaciones, vemos que, solo la influencia solida trasciende las generaciones y con ese mismo tiempo, esa influencia se extiende, pero con raíces solidas. La diferencia de las multitudes es que, con el tiempo, desaparecen y otros movimientos pasajeros aparecen, pero estos movimientos no permanecen con su nombre en sí, y lo que representaban, los movimientos que continuamente van apareciendo, son propios del emocionalismo y superficialidad de todas las generaciones.

No es agradable vivir una vida de multitudes, porque sencillamente es estúpido e intrascendente. Y a estas alturas creo que no hay excusas, para tomar la determinación de realmente vivir y dejar una huella consistente en este mundo.

Entonces lo que es de mayor interés es saber, de que manera puede una persona individualmente, separarse de la muchedumbre ciega y como persona desarrollarse así misma, y también de esa manera pueda influir positivamente en la sociedad. Pero en realidad esto no es muy difícil de saber y esta al alcance de cualquiera. Como cualquiera puede suponerlo, la única manera de realizar un cambio significativo tanto en nuestra vida como en la sociedad, es adoptar hábitos de estudio e investigación y cuando digo habito lo digo porque tiene que ser una actividad de todos los días, una actividad que da mas frutos por la perseverancia que por la genialidad. Esta es una responsabilidad verdadera, el auto educarnos, siempre buscando que nuestros conocimientos, estén por lo menos un escalón arriba de nuestros antecesores. Y si esto se hubiese practicado desde siempre, tampoco hay probabilidades en que nuestra educación y formación cayese en manos del estado, y hay mucha razón para considerar que si nosotros mismos no nos preocupamos por "nuestra" formación, mucho menos los agentes externos lo harán por nosotros.

La falta de tomar responsabilidad de uno mismo nos lleva nuevamente a la esclavitud. Porque si yo no me hago responsable de mi vida, el único que en este caso toma esa responsabilidad es el estado, pero lo hace bajo sus condiciones. Y si, puede asumir esa responsabilidad el estado, el estado te da tu casa, te da alimento, te da su educación, te da su seguridad, todo eso hace el estado, pero no lo hace en las mejores condiciones, ni siquiera te da lo mejor en todo lo que te regala. Por ejemplo, podemos ver algunos casos, en Venezuela, cuba, nicaragua, principalmente estos. En estos países todo es gratis, desde la vivienda, el alimento, la educación, la seguridad, entre otros, todo esto es gratis; pero,

El alimento lo dan racionalizado, una cantidad que ellos suponen que debes comer en el día, ellos diseñan tu dieta y no hay ninguna opción a reclamo, por que son ellos que te lo están dando en su gran bondad.

La vivienda es un diseño común para todos, con un numero exacto de habitaciones ni uno mas ni uno menos, por lo tanto debes ser cuidadoso al tener tus hijos. Pero también si incumples algunas ordenes del gobernante, tu vivienda dejara de ser tuya, por que al final también nunca lo fue, y no puedes reclamar nada, solo someterte.

La educación es la parte donde mas se vanaglorian estos estados socialistas, por que dicen que todos sus ciudadanos están absolutamente educados y el analfabetismo se ha reducido drásticamente. Obviamente priorizan la educación pero no como educación en si, sino como centros de adoctrinamiento y esto les es sumamente necesario, porque una vez que puedas controlar el sistema educativo, puedes controlar la mente de las personas y a toda la nación. La priorizan y la usan como un arma importante para sujetar a toda la nación y poder manejarlos. Estos países es donde mas se ha violado la educación, y la han usado como un arma contra su propia nación, su propia gente.

La seguridad que te brinda también va relacionado a tu inclinación ideológica, no hay mucha o nada de libertad para pensar libremente.

Definitivamente la vida es una vida de responsabilidad en tanto tengamos libertad. Somos libres para actuar, pero somos responsables de nuestros actos. Por lo tanto que nuestras acciones aporten significativamente a nosotros mismos, y esto se dará cuando asumimos la responsabilidad de nuestra educación y ya se sabe, que si no lo hacemos nosotros alguien mas lo hará y en sus condiciones. La vida consiste en elegir; la libertad o la esclavitud, y es una decisión que tomamos todos los días. Porque lo que decidimos nos hace subir un escalón, o nos mantiene esclavos en nuestro remordimiento. Seamos responsables de nuestra educación, si queremos que nuestra mente sea nuestra, si no asumimos esa responsabilidad, de todas maneras también es una decisión y nuestra mente estará en manos de alguien mas. Cabe recordar que aquí no hay estados neutros, todo es una decisión; asumir la responsabilidad es una decisión, pretender ignorarlo, también es una decisión.

CAPITULO 6: CONCLUCION

Haciendo un análisis de la educación y su contexto, hemos visto que hay factores internos y externos que están mermando al sistema educativo, y haciendo que este sistema educativo quede como agua estancada, que ya, para ninguna cosa es bueno.

Pero también hemos podido ver, que, realizando cambios verdaderos, en aquellos factores determinantes, es muy posible corregir todo este sistema estancado, dándole oxigenación y libertad.

Definitivamente la educación no es la mejor, sin embargo, nosotros si podemos serlo, porque sencillamente no seremos parte del sistema.

Tanto el sistema educativo, las costumbres y cultura, influyen muy fuertemente en nuestra educación, pero no lo determinan. Y esto ya viéndolo muy personalmente, creo que cada uno esta en la responsabilidad de cultivarse y aportar un granito de arena a nuestra sociedad.